SAMUEL DE CHAMPLAIN
ET L'EXPLORATION DE LA NOUVELLE-FRANCE

Aux origines de Québec

par Aurélie Detavernier

50MINUTES

Avec la collaboration de Damien Glad

SAMUEL DE CHAMPLAIN

- **Naissance ?** Entre 1574 et 1580 à Brouage (France)
- **Mort ?** Le 25 décembre 1635 à Québec (Canada)
- **Buts de l'expédition ?**
  - Explorer et cartographier les territoires et les fleuves de la Nouvelle-France
  - Établir un comptoir de traite
  - Repérer une route maritime menant à l'Asie
- **Régions du monde explorées ?**
  - Les Antilles
  - Le golfe du Mexique
  - La Nouvelle-France
- **Apports importants ?**
  - La fondation de la ville de Québec
  - La découverte du lac Champlain

À partir du XVe siècle, les royaumes européens se lancent dans une course effrénée d'explorations à travers le monde afin d'étendre leur pouvoir à de nouvelles terres. Par le biais de ces grandes navigations, les limites du monde connu s'étendent et la Terre est cartographiée de manière nettement plus précise. L'objectif principal de ces voyages reste toutefois la découverte de voies maritimes facilitant le commerce avec l'Asie, tout en exploitant les richesses des territoires conquis.

Les Portugais et les Espagnols sont les premiers à se lancer dans l'aventure et choisissent de se concentrer principalement sur l'Afrique, l'Amérique centrale et l'Amérique du Sud. L'Angleterre et la France, ne supportant pas cette nouvelle répartition du monde officialisée par le pape Alexandre VI (1431-1503) et la bulle *Inter Cætera* (1493), décident de s'imposer au nord du continent américain en commanditant de nombreuses missions d'exploration.

C'est dans ce contexte que se déroule le premier voyage de Samuel de Champlain en Amérique du Nord, près de 70 ans après l'expédition menée par Jacques Cartier (navigateur français, 1491-1557). Les motivations initiales demeurent intactes : découvrir une route maritime menant à l'Asie, exploiter les richesses des terres conquises et y établir une colonie. Jusqu'à sa mort en 1635, Samuel de Champlain aura effectué 12 voyages en Amérique du Nord. Mais si son nom est parvenu jusqu'à nous, c'est surtout parce qu'il est à l'origine de la fondation de la ville de Québec en 1608. Son acharnement à établir une colonie française au Canada lui vaudra d'ailleurs le surnom de « père de la Nouvelle-France ».

LA NOUVELLE-FRANCE

La Nouvelle-France désigne l'ensemble des possessions françaises en Amérique du Nord. À son apogée, le territoire comprenait cinq colonies : le Canada, l'Acadie, la Louisiane, Terre-Neuve et la baie d'Hudson. En 1763, ces possessions passent aux mains de l'Angleterre, sortie victorieuse de la guerre de Sept Ans qui l'aura opposée à la France de 1756 à 1763.

BIOGRAPHIE

DES PREMIÈRES ANNÉES ENTOURÉES DE MYSTÈRES

Samuel de Champlain serait né à Brouage dans l'ancienne province française de Saintonge (Charente-Maritime) entre 1574 et 1580. L'énigme entourant sa date de naissance est due au fait que les registres paroissiaux de Brouage antérieurs à 1690 ont été détruits dans un incendie. Son contrat de mariage nous informe toutefois sur son origine familiale : il est le fils de Marguerite Le Roy et d'Antoine de Champlain, capitaine de la marine.

Outre son métier de navigateur, Samuel de Champlain est également dessinateur, géographe, cartographe et chroniqueur. Il est l'auteur de plusieurs ouvrages qui nous renseignent sur sa vie et ses explorations, levant ainsi une part du mystère qui entourait sa carrière pré-canadienne. De 1595 à 1598, on apprend qu'il aurait servi dans l'armée du roi de France, Henri IV (1553-1610), durant la huitième guerre de religion (1585-1598), au cours de laquelle il obtient le grade de maréchal des logis (sergent des troupes montées). Par la suite, de 1599 à 1601, il participe à des explorations aux Antilles et dans le golfe du Mexique.

L'AVENTURE NORD-AMÉRICAINE

Mais son aventure nord-américaine ne débute véritablement qu'en 1603, lorsqu'il embarque comme simple observateur à bord de *La Bonne Renommée*, à Honfleur (nord-ouest de la France). Cette année-là, le commandeur Aymar de Chaste (mort en 1603), titulaire du monopole de la traite des fourrures de la Nouvelle-France, l'invite à accompagner François Gravé Du Pont (marchand français, 1560-1629), envoyé au Canada pour développer le commerce de fourrures. Le système du monopole associe la personne du roi, qui détient l'autorité, et une compagnie commerciale, qui fournit les hommes et l'argent nécessaires à la découverte et à la conquête de nouveaux territoires pour bénéficier de profits commerciaux.

Cherchant à se faire valoir auprès du roi, Samuel de Champlain promet de lui faire un compte-rendu précis de l'expédition. À son retour en France, le 20 septembre 1603, il publie donc un récit détaillé de son voyage agrémenté de dessins et de cartes du fleuve Saint-Laurent. Un an plus tard, il embarque pour une deuxième expédition sous le commandement de Pierre Dugua de Mons (vers 1560-1628), lieutenant général de la Nouvelle-France. Au cours de cette mission, il cartographie les côtes de l'Acadie. L'expédition est toutefois interrompue en 1607 à cause de la révocation du monopole du commerce des fourrures de Dugua de Mons, forçant l'équipage à retourner en France.

LA COLONISATION DE LA NOUVELLE-FRANCE

En 1608, Samuel de Champlain repart en Nouvelle-France en tant que lieutenant de l'expédition avec l'ordre de préparer l'établissement d'une colonie le long du fleuve Saint-Laurent. Samuel de Champlain fonde alors « l'habitation » de Québec, qui consiste en un ensemble de bâtiments reliés les uns aux autres. Rentré en France en 1610, il s'unit à Hélène Boullé (1598-1654), alors âgée de 12 ans. En raison du jeune âge de celle-ci, il est stipulé que la consommation du mariage ne se fera pas avant deux ans, mais Samuel de Champlain n'en touche pas moins 4 500 livres de la dot de sa femme, dont le total s'élève à 6 000 livres, somme importante pour l'époque qui lui assure une sécurité financière. En 1612, il reçoit le prestigieux titre de lieutenant du vice-roi en

Nouvelle-France et participe à sa dernière expédition, qui a lieu en Huronie (territoire occupé par le peuple des Hurons-Wendat, qui se situe dans l'Ontario) en 1615.

Par la suite, il se consacre entièrement au développement et à l'amélioration de sa colonie. Malgré les difficultés rencontrées, Samuel de Champlain plaide inlassablement pour le peuplement de la Nouvelle-France. Mais, à la suite d'un nouveau conflit contre l'Angleterre, Québec tombe en 1629. Samuel de Champlain parvient toutefois à obtenir la restitution de la colonie en 1632. Un an plus tard, il se rend pour la dernière fois à Québec, où il s'éteint le 25 décembre 1635 sans descendance.

CONTEXTE POLITIQUE, SOCIAL ET ÉCONOMIQUE

DES EXPÉDITIONS VAINES

À partir du XVe siècle et ce jusqu'au XVIIIe siècle, quatre grandes nations européennes – dont la France – se lancent dans une politique d'expansion territoriale et de colonisation à l'échelle mondiale afin d'augmenter leurs richesses et d'asseoir leur pouvoir sur des territoires idéalement répartis sur le globe en fonction des ressources locales (fourrures, métaux, ivoires, épices, etc.).

Quand Henri IV reçoit la couronne de France en 1589, le pays est en proie aux guerres de religion opposant les protestants aux catholiques. Le souverain consacre les dix premières années de son règne à ramener la paix dans son royaume. Ces conflits, commencés en 1562, ne se terminent qu'en 1598 avec la promulgation de l'édit de Nantes (déclaration de tolérance stipulant que la religion du roi n'est pas imposée officiellement à ses sujets) par le roi de France. Les guerres de religion mettent donc un frein aux expéditions françaises vers l'Amérique, et, quand Henri IV accède au trône, toutes les tentatives de colonisation du Canada ont échoué.

LE ROI ET LA POLITIQUE COLONIALE

Le roi devient un acteur important de la politique coloniale à la fin de la guerre civile et du conflit avec l'Espagne en 1598. Contrairement à ses prédécesseurs, Henri IV montre une réelle volonté de s'établir en Nouvelle-France. Il essaie donc par tous les moyens de maintenir les établissements malgré les difficultés rencontrées. À l'origine, la Nouvelle-France n'était pourtant pas une colonie de peuplement : il s'agissait d'un projet personnel du roi rattaché à des entreprises commerciales privées ne lui coûtant rien, mais auxquelles il donne une garantie financière en leur accordant un monopole. Ce projet est donc dissocié de l'action publique du gouvernement. D'ailleurs, le surintendant des finances, Maximilien de Béthune (1559-1641), ne dépense pas un denier pour l'entreprise coloniale en Nouvelle-France.

Le succès d'une telle entreprise nécessite la réunion de plusieurs facteurs : un dessein politique, une maîtrise technique, un financement et une bonne perception des lieux. Si l'une de ces dimensions venait à manquer, l'initiative pourrait se révéler fragile. Or, depuis le XVIᵉ siècle, on dispose de véritables politiques coloniales, de données géographiques précises, d'hommes de terrain expérimentés et d'entreprises économiques stables. En effet, l'Occident connaît à cette époque de nombreuses avancées techniques et scientifiques. Les explorations réalisées par les grandes nations européennes permettent en effet une précision accrue des relevés cartographiques. Il s'agit là d'informations précieuses pour les navigateurs qui, jusqu'alors, dirigeaient leurs bateaux en estimant leur vitesse et leur direction. Les navires sont également améliorés pour devenir plus légers – et donc plus facilement manœuvrables – afin de pouvoir effectuer une longue traversée. Mais ce n'est qu'au XVIIᵉ siècle que toutes les conditions seront réunies en France pour le succès d'un tel établissement.

UN MARCHÉ DE LA FOURRURE FLORISSANT

Ce sont les marchés français et européens de la fourrure qui scelleront le destin de la colonie française au Canada. En effet, l'apparition en France d'une demande en pelleteries (préparation et commerce de fourrures) nord-américaines, à la fin des années 1570, est prétexte à lancer plusieurs explorations coloniales. Commencer une traite au Canada stimulerait l'offre amérindienne en pelleteries et élargirait les débouchés aux marchés de la mer Baltique. Une fois ces marchandises rassemblées dans les différentes villes portuaires de France, elles sont réexpédiées vers le marché français ou les divers marchés européens selon la demande et la valeur des prix. Le cardinal de Richelieu (prélat et homme d'État français, 1585-1642) a d'ailleurs joué un rôle novateur dans le développement de la marine française au Canada. Conscient de l'importance du commerce maritime avec les colonies, il favorise, dès le début de son ministère, la création de comptoirs aux Antilles et au Canada.

L'expédition à laquelle Samuel de Champlain s'apprête à participer regroupe donc les quatre conditions évoquées précédemment, à savoir la volonté politique d'Henri IV, le savoir-faire technique et la connaissance des lieux assumés par Samuel de Champlain et le versant économique du projet reposant sur le commerce de fourrures. Même si les priorités de l'explorateur sont la découverte et la cartographie, le contexte économique représenté par les pelleteries est un aspect important du fonctionnement de la colonie, que ce soit comme monnaie d'échange ou comme objet d'alliance.

LES EXPÉDITIONS

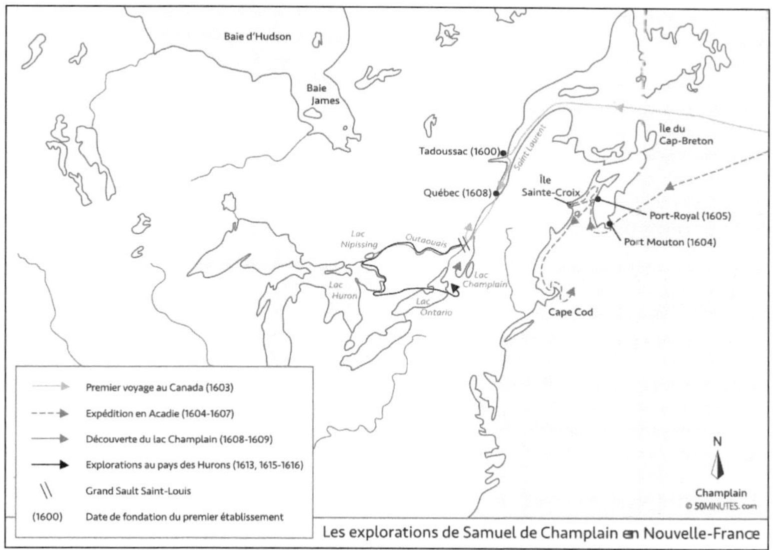

Les explorations de Samuel de Champlain en Nouvelle-France

PREMIER VOYAGE AU CANADA (1603)

En 1603, c'est en tant que simple observateur que Samuel de Champlain participe au voyage de François Gravé Du Pont au Canada. Cette expédition, commanditée par Aymar de Chaste, gouverneur de Dieppe et détenteur du monopole commercial en Nouvelle-France, a pour but d'établir un comptoir de fourrures en Nouvelle-France. À cette fin, trois navires partent d'Honfleur le 15 mars pour s'ancrer le 26 mai à Tadoussac (actuel village de la province du Québec), à l'embouchure de la rivière Saguenay.

L'équipage arrive sur place au moment des tabagies (fêtes indigènes) et est accueilli par le chef montagnais, Anadabijou, et une centaine de guerriers amérindiens. C'est l'occasion pour eux d'assister à des danses dénudées ainsi qu'à des courses de vitesse, et de participer au rituel du calumet de la paix, qui consiste à aspirer des bouffées de fumée de tabac. Lors de cette rencontre, Samuel de Champlain peut observer à loisir les mœurs des populations locales. Les fêtes touchant à leur fin, l'équipage retourne à bord du navire le 18 juin afin de suivre les traces de Jacques Cartier sur le fleuve Saint-Laurent.

Si Samuel de Champlain ne découvre rien, il établit de bons rapports avec les indigènes et dresse des cartes des lieux visités. En effet, ce voyage permet d'avoir une description plus précise du fleuve Saint-Laurent que celle fournie par Jacques Cartier quelques dizaines d'années plus tôt. Il remonte donc le fleuve jusqu'au « Grand Sault Saint-Louis » (rapides de Lachine), où il est bloqué. Grâce aux informations données par la population locale, il peut reconstituer en détail la configuration des Grands Lacs et celle de la baie d'Hudson, mais il reste persuadé que la mer d'Asie est proche. Rentré en France le 20 septembre, le navigateur fait un rapport de l'expédition au roi Henri IV et publie son observation sous le titre *Des sauvages*.

EXPÉDITION EN ACADIE (1604-1607)

L'année suivante, Samuel de Champlain participe à une expédition sous le commandement de Pierre Dugua de Mons, nommé lieutenant général de la Nouvelle-France à la mort d'Aymar de Chaste, et pilotée par François Gravé Du Pont. Pierre Dugua de Mons dispose du monopole du commerce de la fourrure et doit, à ce titre, créer un établissement français en Nouvelle-France. Pour son expédition prévue en mars 1604, il obtient deux navires, engage 120 hommes et est soutenu par une compagnie dont le capital s'élève à 90 000 livres tournois. À nouveau, Samuel de Champlain est chargé par Henri IV de faire un compte-rendu de ses découvertes, mais le roi est également intéressé par les mines de métaux précieux qui pourraient se trouver sur la côte acadienne.

En mai, les navires arrivent à Port Mouton, sur le littoral est de l'Acadie. Pierre Dugua de Mons demande alors à Samuel de Champlain de définir un emplacement pour y établir une colonie. Ce dernier part en exploration pendant trois semaines à la recherche d'un lieu propice à un tel établissement, mais également de mines et d un endroit sécurisé pour les navires dans la baie Sainte-Marie. Finalement, c'est l'île Sainte-Croix, située près de la côte acadienne, qu'il choisit pour y établir l'équipage. L'hiver y est malheureusement rude et de nombreux matelots décèdent du scorbut.

UNE MALADIE MORTELLE

Le scorbut est une maladie provoquée par une carence en vitamine C, qui se manifeste par une fatigue excessive, un déchaussement des dents, une infection des gencives, des hémorragies, provoquant la mort. De nos jours, cette maladie a quasiment disparu.

Au printemps, la colonie est abandonnée au profit d'une région réunissant de meilleures conditions. La compagnie déménage temporairement à Port-Royal où Samuel de Champlain s'adonne au jardinage et se construit un cabinet de travail dans les arbres.

UN PREMIER ÉTABLISSEMENT RÉUSSI

Colonie fondée en 1605, Port-Royal a été la capitale de l'Acadie jusqu'en 1710, où elle a été capturée par les Anglais et rebaptisée « Annapolis Royal ». Port-Royal est considéré comme le premier établissement permanent de la France en Amérique du Nord.

Au printemps 1605, Samuel de Champlain reprend ses explorations dans le but de découvrir des mines et de dénicher l'emplacement idéal pour une colonie. Ses recherches restent vaines, mais il cartographie de manière précise le littoral de l'Atlantique, du Cap-Breton jusqu'au sud du cap Blanc (actuel Cape Cod, dans le Massachusetts). À l'hiver 1606, Samuel de Champlain fonde l'ordre de Bon Temps, une chevalerie de la joie où chacun doit à son tour apporter du gibier pour la table et entretenir la gaieté. D'ailleurs, le vin et la nourriture abondent tandis que les températures restent douces pour la saison. Mais, en mai 1607, Pierre Dugua de Mons apprend que son monopole a été révoqué et qu'il faut rentrer en France.

L'HABITATION DE QUÉBEC (1608-1609)

Samuel de Champlain ne reste pas longtemps en France et repart pour la troisième fois le 18 avril 1608. Cette fois, le voyage est différent, car il reçoit une première fonction officielle en devenant le lieutenant de Pierre Dugua de Mons, resté en France. L'objectif de cette mission est d'établir une colonie française permanente dans un site favorable le long du fleuve Saint-Laurent. Accostant à Tadoussac le 3 juin, Samuel de Champlain et ses ouvriers arrivent en barque à la pointe de Québec le 3 juillet. Ils décident d'y construire une installation (« l'habitation » de Québec) composée de trois bâtiments principaux de deux étages, le tout entouré d'un fossé de 4,6 mètres de large et d'une enceinte de pieux : la première colonie française sur les bords du fleuve Saint-Laurent vient tout juste de naître.

Quelques jours plus tard, Samuel de Champlain échappe à un complot mené par plusieurs colons et par des contrebandiers basques mécontents de son arrivée. Toutefois, les mutins sont arrêtés et exécutés. Les 25 hommes peuplant la colonie doivent également faire face à un hiver rigoureux et aux ravages du scorbut. Seuls neuf hivernants survivent, dont Samuel de Champlain.

Au printemps, il décide d'établir des contacts avec les Amérindiens des environs. Il signe même une alliance avec les Algonquins, les Hurons et les Montagnais et accepte de les aider dans leur guerre contre les Iroquois. Le 28 juin, il part à la découverte du pays des Iroquois, partie sud-ouest du fleuve Saint-Laurent, accompagné de guides indigènes. Au cours de l'expédition, il traverse la rivière des Iroquois (actuellement le Richelieu), les rapides de Chambly, et découvre un grand lac qu'il baptise de son nom, le 14 juillet 1609.

Le soir du 29 juillet, Samuel de Champlain et son équipe rencontrent un groupe d'Iroquois à Ticonderoga (aujourd'hui Crown Point, État de New York) : l'affrontement entre les différentes peuplades amérindiennes est fixé au lendemain. Grâce à sa supériorité technique, Samuel de Champlain remporte la bataille après avoir tué deux chefs iroquois de son arquebuse. Cet événement provoque une hostilité féroce des Iroquois vis-à-vis des colons français. Après cette victoire, Samuel de Champlain rentre en France pour faire un rapport au roi et à Pierre Dugua de Mons.

Si ce dernier ne parvient pas à faire renouveler son privilège de traite de fourrures, il convainc tout de même des marchands de Rouen de former une société avec lui et Samuel de Champlain. Ceux-ci acceptent en effet de soutenir la colonie à la condition qu'une partie de « l'habitation » de Québec serve d'entrepôt exclusif pour la traite.

ALLERS-RETOURS ENTRE LA FRANCE ET LE QUÉBEC (1610-1612)

Le 8 avril 1610, Samuel de Champlain repart pour Québec, où ses alliés amérindiens l'attendent afin de mener une nouvelle incursion contre les Iroquois à l'embouchure de la rivière du Richelieu. Il conduit l'attaque et gagne la bataille malgré une flèche qui lui transperce le lobe de l'oreille et le blesse au cou. Regagnant Québec victorieux, Samuel de Champlain apprend l'assassinat du roi Henri IV et constate que la traite est ruineuse pour les marchands. Il se décide alors à rentrer en France.

Il reprend la mer le 1er mai 1611 et arrive à Québec 20 jours plus tard. Durant l'été, Samuel de Champlain part à la recherche d'un endroit plus favorable à l'établissement d'une colonie, puisque l'habitation de Québec héberge désormais un hangar de fourrures. Il se rend donc à Montréal, au pied du « Grand Sault Saint-Louis », et fait défricher la terre et construire un muret afin de voir s'il résistera à l'hiver. En route, il remarque une île où il serait possible de construire une ville ; il la nomme l'île Sainte-Hélène, en l'honneur de sa femme.

Afin de renforcer son prestige auprès de ses alliés indigènes, il accomplit un exploit en franchissant avec eux en canot le « Grand Sault Saint-Louis ». Cette prouesse n'a été réalisée que par un seul Européen avant lui, Étienne Brulé (aventurier français, 1592-1633). Ses projets montréalais n'ayant pas abouti, Samuel de Champlain retourne à Québec avant de rentrer en France à l'automne 1611 afin de trouver de l'aide pour développer sa colonie.

En effet, ayant perdu le soutien de ses associés de Rouen, il rédige plusieurs rapports, dessine une carte de la Nouvelle-France (première carte que l'on ait conservée) et demande au roi de France Louis XIII (1601-1643) d'intervenir en sa faveur, suite à quoi, le 8 octobre 1612, le roi nomme Charles de Bourbon, comte de Soissons (1566-1612), lieutenant-général de la Nouvelle-France. Ce dernier choisit Samuel de Champlain comme lieutenant pour continuer l'entreprise québécoise. Par ce titre, il obtient le pouvoir de nommer des capitaines et des lieutenants, de mandater des officiers pour l'administration de la justice et l'entretien de la police, de commettre des règlements et des ordonnances, de faire des traités, de lancer des guerres avec les indigènes et de retenir les marchands qui ne font pas partie de la société. Samuel de Champlain reçoit également la mission de trouver la voie maritime la plus rapide menant à la Chine et aux Indes, ainsi que de découvrir et d'exploiter des mines de métaux précieux. Même si Charles de Bourbon décède peu de temps après, son remplaçant, Henri de Bourbon (1588-1646), vice-roi de la Nouvelle-France, confirme l'explorateur dans ses fonctions.

EXPLORATIONS AU PAYS DES HURONS (1613, 1615-1616)

En mai 1613, Samuel de Champlain repart à nouveau au Canada. Mais cette fois, il prend la direction de l'ouest pour explorer le pays des Hurons accompagné d'un guide indigène et de quatre hommes. Grâce à son voyage, il devient le premier Européen à décrire la rivière des Outaouais (Ottawa), qui sera la voie commerciale principale de l'Ouest canadien durant deux siècles. Alors qu'il désire poursuivre son exploration vers le lac Nipissing, le chef d'une tribu algonquine rencontrée sur l'Isle-aux-Allumettes, Tessouat (mort en 1636), le dissuade d'aller plus en amont, du moins s'il veut garder les Algonquins comme intermédiaires entre les Français et les autres tribus amérindiennes. Il retourne alors à Québec avant de rentrer en France au mois de septembre 1613 pour recruter des colons et des missionnaires récollets (religieux réformés dans l'ordre de saint Augustin ou de Saint François) afin de promouvoir la religion dans sa colonie.

Il effectue son dernier grand voyage d'exploration vers l'Ouest en 1615. En compagnie de quelques compagnons français et indigènes, il remonte la rivière des Outaouais, découvre le lac Nipissing et le lac Huron et franchit la partie orientale du lac Ontario. Lors d'une nouvelle bataille contre les Iroquois, Samuel de Champlain, blessé par une flèche dans le genou, n'a d'autre solution que d'hiverner chez les Hurons, période qu'il occupe en rédigeant une description détaillée du comportement, des coutumes et des mœurs de ses alliés indigènes. Il regagne ensuite Québec le 11 juillet 1616 avant de rentrer en France.

L'ADMINISTRATION DE LA COLONIE (1620-1635)

En 1619, le prince de Condé vend ses droits de vice-roi de la Nouvelle-France au duc Henri II de Montmorency (1595-1632), amiral de France, qui confirme Samuel de Champlain dans sa fonction. Un an plus tard, le roi Louis XIII lui demande de maintenir la colonie en Nouvelle-France et de s'en occuper. À partir de cette année-là et jusqu'à sa mort en 1635, Samuel de Champlain se concentre donc sur le développement, l'amélioration et l'agrandissement de son établissement plutôt que sur l'exploration.

En 1627, le cardinal de Richelieu crée la compagnie de la Nouvelle-France, aussi appelée la compagnie des Cent-Associés en raison du nombre d'actionnaires, et lui accorde le monopole de la traite des fourrures si elle s'engage à peupler la colonie de Français catholiques, à défendre le territoire et à évangéliser les indigènes. Samuel de Champlain est fait membre de la compagnie et devient même commandant de la Nouvelle-France en l'absence du cardinal Richelieu. Mais une guerre contre les Anglais met Québec au bord de la famine suite à un blocus de la ville. Le 19 juillet 1629, la colonie tombe entre les mains de l'Angleterre, mais Samuel de Champlain se rend à Londres pour la récupérer. Il finit par obtenir sa restitution grâce au traité de Saint-Germain-en-Laye le 29 mars 1632. Il se rend une dernière fois à Québec en 1633 et y décède deux ans plus tard, le jour de Noël.

RÉPERCUSSIONS

Par la colonisation du continent nord-américain, le royaume de France espère, entre autres, découvrir le chemin menant à l'Asie et exploiter des minerais de métaux précieux. Mais les expéditions de Samuel de Champlain en Nouvelle-France n'ont pas atteint ces objectifs, pas plus que celles de Jacques Cartier avant lui. Cependant, il a le mérite d'avoir fait progresser la colonisation du Canada de manière considérable en établissant et en maintenant une présence française durable sur le continent alors que ni Jacques Cartier ni Jean-François de La Rocque de Roberval (colonisateur français, 1500-1560) n'y étaient parvenus. En outre, il assure l'emprise des Français sur les différentes tribus amérindiennes par ses bonnes relations avec les indigènes tout en établissant un grand réseau de traite de fourrure.

LE SAVIEZ-VOUS ?

En 1540, Jean-François de la Rocque de Roberval, un noble protestant, est chargé par le roi de France, François Ier (1494-1547), de diriger la troisième et dernière expédition de Jacques Cartier en Nouvelle-France sous le titre de lieutenant-général au Canada. Sa tentative de colonisation à Québec échoue à cause d'un hiver très rigoureux, de la famine, du scorbut et de différends à l'intérieur même de la colonie. Mais, alors que Jean-François de Roberval croit avoir trouvé des métaux précieux sur le sol canadien, à son retour en France en 1544, on découvre qu'il s'agit de pyrite de fer. Ruiné et humilié, il est assassiné par des catholiques au sortir d'une réunion calviniste en 1560.

Si, à la mort de Samuel de Champlain, la colonie ne compte que 150 personnes, la ville de Québec ne demeure pas moins la capitale de la Nouvelle-France. À partir de 1663, les possessions françaises en Amérique du Nord sont directement gérées par le gouvernement royal et le domaine de la Nouvelle-France devient véritablement une colonie de peuplement grâce à l'envoi de colons. Néanmoins, la France ne réussit pas à peupler entièrement ces terres, étant donné l'immensité du territoire. En effet, en 1763, la Nouvelle-France est l'une des plus grandes colonies européennes d'Amérique du Nord. De plus, la population française est, au début, assez réticente à l'idée d'aller s'y installer, et l'appel aux volontaires ne rencontre pas beaucoup d'écho. Ce manque d'enthousiasme peut se comprendre de prime abord par le climat rigoureux et par l'incertitude d'un possible enrichissement. Dès lors, le gouvernement décide d'y envoyer des cultivateurs célibataires à la recherche d'une terre et les fraudeurs de sel afin de peupler le territoire. Une politique d'encouragement de la nuptialité et de la natalité a également été mise en place en 1663 pour assurer le peuplement naturel de la colonie. Pendant une dizaine d'années, 770 filles du roi (orphelines ou filles de condition modeste) ont été dotées et envoyées en Nouvelle-France afin de s'y marier et d'y fonder un foyer. Vers 1672, soit près de 30 ans après la mort de Samuel de Champlain, la colonie française compte environ 6 700 habitants.

La Nouvelle-France devient donc rapidement très attractive pour l'Angleterre, qui convoite l'étendue du territoire et le monopole de la traite de fourrures. D'autant plus que l'empire colonial français faiblit dès la fin de la guerre de succession d'Espagne (1701-1714), lorsque la France cède l'Acadie, la baie d'Hudson et Terre-Neuve aux Anglais, en 1713. Le coup de grâce est porté en 1756 par la guerre de Sept Ans opposant la France à l'Angleterre. Le conflit se termine par le traité de Paris en 1763 accordant le Canada et l'Inde à l'Empire britannique, faisant ainsi perdre à la France l'essentiel de ses territoires coloniaux.

Néanmoins, la présence française au Canada est encore visible de nos jours grâce au maintien de la langue de Molière. En outre, Samuel de Champlain est à l'origine d'une colonie qui, de 150 habitants en 1635, se développe au point de représenter plus de sept millions de personnes au début du XXIe siècle.

EN RÉSUMÉ

1574-1580	Naissance de Champlain
1603	Premier voyage en Nouvelle-France
1604-1607	Deuxième voyage en Nouvelle-France
1608	Fondation de l'habitation de Québec
14 juil. 1609	Découverte du lac Champlain
1613-1616	Expéditions aux pays des Hurons
1627	Création de la compagnie des Cent-Associés
1629	Québec tombe entre les mains des Anglais
1632	Québec est restitué à la France
25 déc. 1635	Mort de Champlain

- À partir du XVe siècle, les royaumes européens se lancent dans une course effrénée d'explorations à travers le monde afin d'étendre leur pouvoir à de nouvelles terres.
- La France et l'Angleterre, désireuses de ne pas rester en retrait face au Portugal et à l'Espagne, dont les empires coloniaux s'étendent de plus en plus loin, se lancent à l'assaut du continent américain.
- Samuel de Champlain, navigateur, chroniqueur et cartographe français, effectue son premier voyage en Nouvelle-France en 1603 en tant que simple observateur. Il ne découvre rien, mais cartographie de manière très précise le fleuve Saint-Laurent et publie le compte-rendu de son expédition.

- En 1604, lors de sa deuxième exploration en Nouvelle-France en tant qu'observateur, il cartographie très précisément le littoral de l'Atlantique, du Cap-Breton jusqu'au sud du cap Blanc.

- Sa première fonction officielle est celle de lieutenant de Pierre Dugua de Mons lors d'une troisième expédition en Nouvelle-France. L'objectif de cette mission est de créer une colonie française de peuplement le long du fleuve Saint-Laurent. « L'habitation » de Québec est ainsi fondée le 3 juillet 1608.

- Lors de son expédition en terres iroquoises, Samuel de Champlain découvre un grand lac qu'il baptise de son nom le 15 juillet 1609.

- En 1612, il est nommé lieutenant de Charles de Bourbon, lui-même lieutenant général de Nouvelle-France. À la mort de celui-ci, il est confirmé dans sa fonction de lieutenant du prince de Condé, désormais vice-roi de Nouvelle-France. Ce titre lui accorde des pouvoirs importants dans l'installation d'une colonie. Il reçoit également la mission de trouver la voie maritime la plus rapide menant vers la Chine et les Indes ainsi que de découvrir et d'exploiter des mines de métaux précieux.

- De 1613 à 1616, Samuel de Champlain effectue deux expéditions vers l'ouest du Canada en explorant le pays des Hurons. Il est le premier Européen à décrire la rivière des Outaouais, qui deviendra la voie commerciale principale de l'Ouest canadien durant deux siècles.

- À partir de 1620, Samuel de Champlain occupe davantage une fonction d'administrateur colonial que d'explorateur. En 1627, le cardinal de Richelieu crée la compagnie des Cent-Associés dans le but de peupler Québec de Français catholiques, de défendre le territoire et d'évangéliser les populations locales.

- En 1629, Québec tombe entre les mains des Anglais, mais la colonie est restituée à la France en 1632 grâce au traité de Saint-Germain-en-Laye.

- Samuel de Champlain décède à Québec le 25 décembre 1635. À sa mort, la colonie ne compte pas plus de 150 personnes, là où l'actuelle province du Québec en compte plus de sept millions.

- L'explorateur passera à la postérité comme le père de la Nouvelle-France.

POUR ALLER PLUS LOIN

SOURCES BIBLIOGRAPHIQUES

- « Samuel de Champlain », in *Larousse.fr*, consulté le 22 avril 2014. http://www.larousse.fr/encyclopedie/personnage/Samuel_de_Champlain/112648
- DESCHÊNES (Gaston), « Samuel de Champlain, le fondateur de Québec », in *Histoire Québec*, vol. 14, n° 1, 2008, p. 15-16.
- LIEBEL (Jean), « On a vieilli Champlain », in *Revue d'histoire de l'Amérique française*, vol. 32, n° 2, 1978, p. 229-237.
- LITALIEN (Raymonde) et VAUGEOIS (Denis), *Champlain. La naissance de l'Amérique française*, Québec, Éditions du Septentrion, 2004.
- RATHÉ (Alain), « Samuel de Champlain (1570-1635) : compagnon des Amériques », in *Québec français*, n° 142, 2006, p. 35-38.
- ROQUEBRUNE (Robert), « La Rocque de Roberval, Jean-François de », in *Dictionnaire biographique du Canada*, vol. 1, Université Laval/University of Toronto, 2013, consulté le 12 août 2014. http://www.biographi.ca/fr/bio/la_rocque_de_roberval_jean_francois_de_1F.html
- « Samuel de Champlain », in *Le Nouveau Monde : les grands personnages*, consulté le 12 août 2014. http://www.medarus.org/NM/NMPersonnages/NM_10_05_Biog_Others/nm_10_05_samuel_champlain.htm
- TRUDEL (Marcel), « Champlain, Samuel de », in *Dictionnaire biographique du Canada*, vol. 1, Université Laval/University of Toronto, 2003, consulté le 22 avril 2014. http://www.biographi.ca/fr/bio/champlain_samuel_de_1F.html

SOURCES COMPLÉMENTAIRES

- HACKETT FISHER (David), *Le rêve de Champlain*, Montréal, Boréal, 2008.
- LEGARÉ (Francine), *Samuel de Champlain, père de la Nouvelle-France*, Montréal, XYZ Pub, 2004.
- SEGUIN (Maurice), *Samuel de Champlain. L'entrepreneur et le rêveur*, Québec, Éditions du Septentrion, 2008.

LITTÉRATURE

- LAROCQUE (Jean-Claude) et SAUVÉ (Denis), *Étienne Brûlé. Le Fils de Champlain*, t. 1, Ontario, David, coll. « 14/18 », 2010.
- LAROCQUE (Jean-Claude) et SAUVÉ (Denis), *Étienne Brûlé. Le Fils des Hurons*, t. 2, Ontario, David, coll. « 14/18 », 2010.
- LAROCQUE (Jean-Claude) et SAUVÉ (Denis), *Étienne Brûlé. Le Fils sacrifié*, t. 3, Ontario, David, coll. « 14/18 », 2011.

DOCUMENTAIRES

- *Samuel de Champlain : Québec 1603*, documentaire de Denys Arcand, Canada, 1964.
- *En quête d'un pays*, documentaire animé de Robert Doucet, Canada, 1989.

50MINUTES